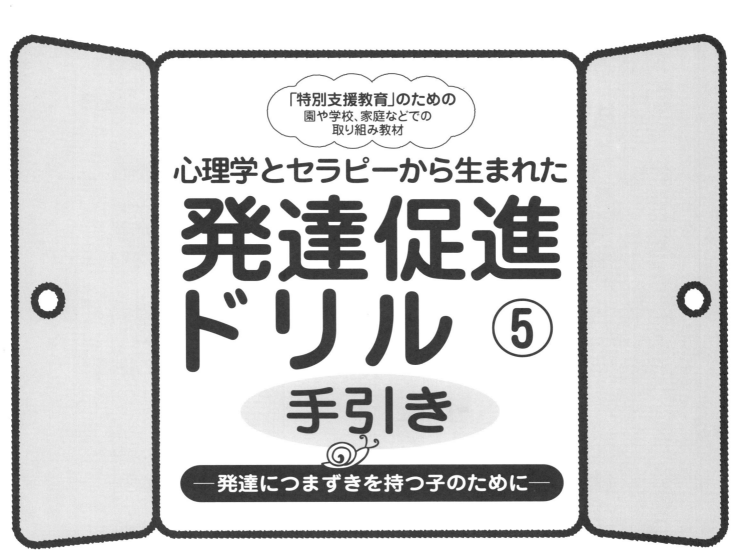

「特別支援教育」のための
園や学校、家庭などでの
取り組み教材

心理学とセラピーから生まれた

# 発達促進ドリル⑤

## 手引き

― 発達につまずきを持つ子のために ―

編・著／湯汲 英史

〔(公社)発達協会 常務理事／言語聴覚士〕

JN132461

発 行／すずき出版

# 発刊にあたって

## はじめに ◇◇◇◇◇◇◇◇◇◇◇◇◇◇◇◇

「子どもの発達は拘束されている」といわれます。

歩くことも話すこともできずに生まれてきた赤ちゃんが、1歳を過ぎた頃から歩けたり、話せたりするようになります。運動の発達では、両足で跳べるのが2歳、スキップができるのが4歳となっています。ことばの面も、1歳は単語、2歳は二語文、3歳になると三語文をまねして言え、5〜6歳では文字の読み書きができるようになります。

例えばある子が"ぼくは歩くのは後でいいから、お絵描きが先に上手になりたい"と思っても、特別のことがない限りそれはできないようになっています。"自分の思うようには進めない、成長できない"だから「発達は拘束されている」と表現されます。

子どもの中には、自然に次々と進むはずの発達が、スムーズにいかない子がいます。遅れがちな子もいます。どうしてそうなのか、はっきりとした原因は分かっていません。

ただ、このような子たちへのさまざまな試みの中で、発達を促すために指導や教育が必要なことが分かってきました。そして、指導や教育が一定の効果をあげることも明らかになってきました。

この『発達促進ドリル』シリーズは、発達心理学、認知心理学などの知見をもとに作られました。特に、実際に発達につまずきを持つ子にとって有効な内容のものを選びました。

### ★5巻では・・・

5巻では、物事を記憶することができ、覚えたことを振り返って表現することができ始める時期の課題を、おもに取り上げました。この前後から数も含め、人から教わったことを自分から使うようになります。できることがうれしくなりますが、できないと気持ちが不安定になることもあるでしょう。

そういうときには、気持ちをコントロールする「騒がないのが、お兄さん（お姉さん）」と教えてください。

## 目的 ◇◇◇◇◇◇◇◇◇◇◇◇◇◇◇◇◇◇◇◇

　このドリルは、子どものことば、認知、数、文字の読み書き、生活、社会性などの面での健やかな発達を求めて作られました。

## 特色 ◇◇◇◇◇◇◇◇◇◇◇◇◇◇◇◇◇◇◇◇

①「手引き」では、各問題を解説しました。“子どもの《発達の姿》”として、発達から見た意味を、“指導のポイント”では、子どもの状態を把握できるようにし、また教え方のヒントも示しました。

②内容によっては正答をまず示し、子どもが質問されている内容や答え方などを分かりやすくしました。また、ドリルの中には、ゆうぎ歌もあります。これは、子どもの興味や社会性を高めるために取り上げました。

③このドリルでは、ことば、認知、数、文字、生活、社会性などの領域の問題を取り上げました。ただそれぞれの領域の問題は、明確に独立したものばかりではありません。ことばと生活がいっしょなど、複数の領域にまたがる内容もあります。

　これは、子どもの暮らしそのものが、多様な領域が渾然一体となっていることからきています。

　例えば「洋服を着る」という場面を考えてみましょう。ある子にとってはこのときに、洋服の名前、着る枚数、洋服の色などとともに、用途や裾を入れるなどマナーも学んでいるかもしれません。つまり、子どもは大人のように領域ごとに分けて学ぶ訳ではないということです。

④このドリルは、1冊に12の課題が含まれています。今回のシリーズは10冊で構成されています。シリーズ合計では、120の課題で構成されています。

### お願い

　まずは、子どもの取り組もうという気持ちを大切にしましょう。
課題の順番に関係なく、子どもの興味や関心に合わせて、できるテーマから取り組んでください。
　子どもによっては、難しい問題があります。難しくてできないときには、時間をおいて再チャレンジしてください。

**湯汲　英史**
(公社)発達協会 常務理事
早稲田大学 非常勤講師
言語聴覚士／精神保健福祉士

# ① ことば（物の名前⑤ 2切片）

## なにでしょうか？① 「なにでしょうか？」

## なにでしょうか？② 「なにでしょうか？」

## なにでしょうか？③ 「なにでしょうか？」

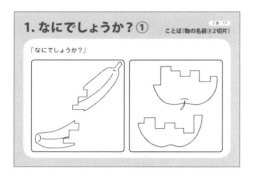

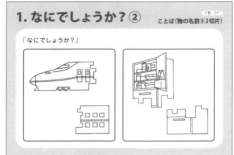

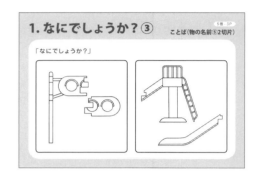

## 🐻 ことばかけのポイント

● 2つの絵を指さした後に、「何でしょうか」と質問しましょう。

● 分かる場合には、ひとつを隠してひとつだけ見せるなど、手がかりを少なくしましょう。

● 絵本やカタログなどでも、一部分を隠して「名前当てゲーム」をしましょう。

● 人の顔写真の一部分を隠しての「名前当てゲーム」も試してみましょう。

## 子どもの《発達の姿》

　二分割された絵を見ながら、頭のなかで2つを統合して、元の絵の名前を言うことができるようになります。「部分から全体を推測できる」ようになるといえます。

　また、例えば、逆さまの絵でも、描かれている物の名前が分かるようになります。見え方は違っても同じ物という理解が確かになってきます。自分の見え方にとらわれずに、過去の体験などをもとに「解釈する力」がついてくるともいえます。

　電車のほんの一部分から、その電車の種類を当てる子がいます。細部への興味が、このような能力につながっています。一般的には「全体から部分へ」と、成長につれて関心の対象は変化していくようです。

## 指導のポイント

### ★全体ではなく、部分の名前を言う

　例えば、二分割された「車」の絵の場合、「くるま」ではなく「タイヤ」と答える子がいます。こういう場合は、「タイヤもあるね」と言いながら、車の輪郭線を指でなぞり、再度「これは何？」と聞きます。

　それでも分からないときは、「車だね」と答えを教え、再び「これは何？」と聞きます。何を答えればよいのかが分かっていない場合もあります。

# 2 ことば（用途・抽象語：物の属性①）

## どれでしょうか？①
「じかんを　おしえてくれるのは　　　　　どれでしょうか？」
「はくのは　どれでしょうか？」
「きいろいのは　どれでしょうか？」

## どれでしょうか？②
「みずのなかに　いるのは　　　　　どれでしょうか？」
「あそぶのは　どれでしょうか？」
「あかいのは　どれでしょうか？」

## どれでしょうか？③
「きに　なるのは　どれでしょうか？」
「にわとりが　うむのは　どれでしょうか？」
「つちから　はえてくるのは　　　　　どれでしょうか？」

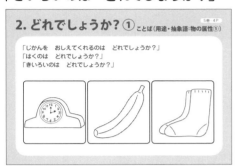

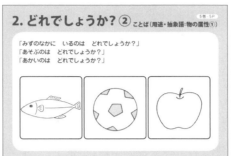

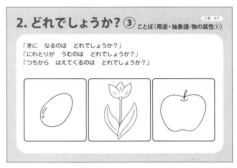

## ことばかけのポイント

● 例えば、「はく」ということばが分からない場合は、大人が動作でヒントを与えましょう。

● 説明的な文章は分かりにくい場合があります。そのときには、ことばを変えて、分かりやすいことばで質問してみましょう。

## 子どもの《発達の姿》

例えば、"ボールペン"の説明です。

《ボールペン（名前）は、細長く（形）、手に持てて（大きさ）軽く（重さ）、さまざまな色の物があります。字を書くときに使い（用途）、1本2本と数え、固く（触感）、プラスティックと金属（材質）でできていて、鉛筆に似ています》

もっともっと詳しく書くこともできるでしょう。ボールペンひとつにしても、さまざまな属性があります。このような属性に気づいていくことが、発達といえます。「物の属性」の問題は、多面的な視点を子どもに教えることにつながります。

「ニワトリが生む」のは卵ですが、実際にニワトリが卵を生む姿を見た子はほとんどいないでしょう。正解が言える子は、大人の会話ばかりでなく、絵本や写真、あるいはテレビなどを通じて学んでいると考えられます。このように、実際の体験をとおしてだけではなく、さまざまなメディアなどからも学んでいくようになります。

## 指導のポイント

★ことばだけでは分からない

ことばだけでは分かりにくい子がいます。「木になる」「ニワトリが生む」など、子どもにとってイメージするのが難しい場合があります。こういう子には写真を見せたり、絵を描いたりして説明します。

# ③ ことば （異同弁別ほか：ちがう①）

## どれでしょうか？① 「ちがうのは　どれでしょうか？」

## どれでしょうか？② 「(これと)ちがうのは　どれでしょうか？」 「おなじものは　どれでしょうか？」

## どれでしょうか？③ 「(これと)ちがうのは　どれでしょうか？」 「おなじものは　どれでしょうか？」

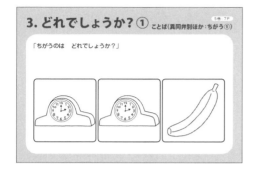

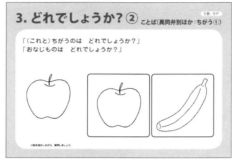

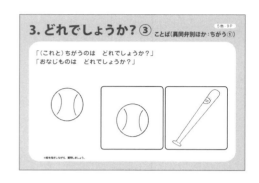

## 🐻 ことばかけのポイント

● 1枚目で「違う」のは、数の少ない方になります。

　数の多少で、「違う」になることが分かりにくい場合もあります。こういう子には、「ひとつだけ違うね」と説明した方がよいでしょう。

● 「これと…」と言うときには、指さしをして分かりやすくしましょう。

● 「おなじ」を教えるときには、「おなじ、おなじ」と言いながら、同じ物同士を指さしましょう。そうして、「同じ」であることを強調します。

## 子どもの《発達の姿》

　同じ物をそろえるのを「マッチング」といいます。乳幼児の「人見知り」は、親などいつも見ている身近な人と、そうでない人との区別がつくようになることで起こります。人見知りだけでなく、知らない場所を怖がる「場所見知り」や、特定の物に恐怖を持つ「物見知り」などを示す子もいます。同じ人や同じ物は、子どもにとっては安全な存在です。しかし、違う人や違う物は、子どもに何をもたらすか分かりません。安全の保証とはならず、自分で自分を守る能力のない子どもにすれば、だれかに守ってもらいたいと思うのでしょう。それが不安を示す「見知り行動」となると思われます。「親しい−親しくない」の理解も関係するでしょうが、順序的に言えばまずは「同じ」が分かり、そのあとに「違う」に気づきだすと思われます。

　テレビでアニメを見だしてから急に、遊園地の「着ぐるみ」を怖がりだす子もいます。ファンタジーと現実の世界は違います。着ぐるみは、現実世界に突然現れるファンタジー世界の存在物で、子どもによっては強い違和感を持ち、それが恐怖につながるのかもしれません。

## 指導のポイント

### ★ 「ちがう」が分からない

　「違う」が分かりにくい場合は、「同じ」もよく分かっていない可能性があります。

　まずは、色や形が同じ物を合わせるマッチングの練習をしましょう。

# ④ ことば（異同弁別ほか：ちがう②）

## どれでしょうか？ ①
「くるまと ちがう えは
　　　　どれでしょうか？」

## どれでしょうか？ ②
「ちがう かおは　どれでしょうか？」

## どれでしょうか？ ③
「ひとつだけちがいます。
　　　　どれでしょうか？」

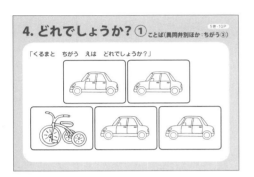

## 🐻 ことばかけのポイント

- 表情の絵だけでは分かりにくい場合には、「笑っているね」「怒っているね」という説明を付け加えます。実際に大人が、顔の表情を作って見せてもよいでしょう。
- 分かりにくいときには「食べられる」と「食べられない」と、絵を指さしながら伝えます。

## 子どもの《発達の姿》

　「同じ−違う」の判断基準ですが、さまざまな側面や理解レベルがあります。

　例えば、同じ形で違う色の車が２台あったとします。そして、子どもに２台の車は「同じか−違うか」の判断を求めたとします。確かに「色」は違います。だから「違う」と答える子もいます。一方で「車」という名称、それに「形」、乗り物という「機能」は同じです。ですから「同じ」と答えても間違いではありません。

　機能や概念に着目して答える子は、形や色で判断する子よりも理解は進んでいる可能性があります。このように「異同」問題では、子どもが何に着目して判断しているのかを、注意深く分析する必要があります。

　時間がたち、子どもから青年になっても「同じ人」です。ひとつのリンゴが時間の経過のなかで腐ったとします。形や色などが違っても「同じ物」です。時が過ぎ、人や物が見た目は変わったとしても、「不変＝同じ」であるという認識は、物の変化を見る体験、そして周りの説明などから学び、理解されていくようです。

## 指導のポイント

★ 「食べ物」「食べ物でない」というような、概念の違いが分からない

　抽象語が分かりにくい場合には、抽象語の理解を高める練習が必要です。詳しくは、第４巻「手引き」４ページをご参照ください。

# ⑤ ことば（疑問詞：いつ ～表現①）

## こたえましょう①

あさごはんを　たべました。
「なにを　たべましたか？」
「だれと　たべましたか？」
「いつ　たべましたか？」

## こたえましょう②

おひるに　こうえんで　あそびました。
「なにを　しましたか？」
「だれと　あそびましたか？」
「いつ　あそびましたか？」

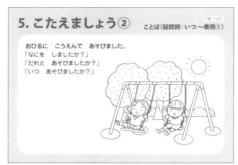

## こたえましょう③

よるに　トランプで　あそびました。
「なにを　しましたか？」
「だれと　あそびましたか？」
「いつ　あそびましたか？」

### ことばかけのポイント

●絵を見て答える形式です。なお、子どもに自分のしたことなどを振り返らせ、それをことばで説明できるようにするのも目的のひとつです。実際に子どもにできごとを質問してみてください。
●ことばで言えない場合は、指さしで答えるよう促しましょう。

### 子どもの《発達の姿》

　子どもは、成長するにつれて「振り返る」力が確かになってきます。例えば、先生が子どものその日の活動の様子などを書いて家庭に渡すノートを気にするようになります。自分への評価も含め、自分がした行動を記憶し、振り返れるようになったからノートの内容が気になるのでしょう。

　振り返れるようになると、自分のした言動を反省できるようになります。そして、反省しながら、これからの言動を修正できるようにもなります。逆にいえば、子どもに振り返らせて反省させないと、よくない行動は変わらない可能性が高いといえます。

　よい行動は振り返らせて、ほめてあげます。記憶をたどれるようになると、自分への評価についての関心も高まります。ほめることや認めることで、自分への評価を高めさせるようにしましょう。

### 指導のポイント

#### ★「いつ」が分からない

　例えば、「絵を描く」と「かけっこ」の2つの活動をしたとします。まずはどちらを先にしたかを質問します。分からないときには、時間ごとに活動を示した表を見せます。そうして時間のなかでの後先や順番、あるいは朝・昼・夜などの時間帯、時刻など、子どもの理解力に合わせて教えます。

#### ★振り返ろうとしない（「分からない」とすぐに言う、など）

　ヒントを出したり、二者択一形式で質問したりします。そうして「振り返る」ことに気づかせ、できるようにします。

　「何」「だれ」「どこ」などの質問に対応した絵や写真を用意します。そして、絵や写真の中から選ばせます。

# ⑥ ことば（文作り：助詞③）

## こたえましょう①

おかあさんが　ごはんを　つくっています。
「だれが　ごはんを　つくっていますか？」
「おかあさんは　なにを　していますか？」

## こたえましょう②

「だれに　あめを　あげましたか？」
「おねえさんに　なにを　あげましたか？」

## こたえましょう③

「だれから　しゃしんを　もらいましたか？」
「せんせいから　なにを　もらいましたか？」

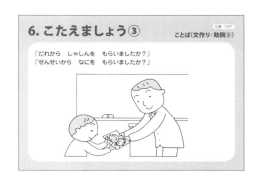

 **ことばかけのポイント**

● 子どもが聞き取れない場合は、助詞の部分を強調して発音しましょう。

● 質問を読みながら、絵を指さして理解を促しましょう。

## 子どもの《発達の姿》

助詞は、"だれ""何"だけでなく、互いの関係を明確にします。

例えば、例文をかえて、「ごはんがお母さんをつくっています」は、文章としてはおかしくないのですが、実際にはありえません。しかし、「子どもが犬を追いかけた」という文章は、「犬が子どもを追いかけた」とかえてもありえます。ただ、文の意味はまったく反対になります。つまり、主語と目的語につく助詞が、互いの関係を示していることが分かります。

能動と受動の違いは、子どもにとって難しい表現のひとつです。例えば、ある子が「たたいた」と言ったとします。この場合、子どもが言う「たたいた」は、「自分がたたいた」のか「（他の子から）たたかれた」のか、よく聞かないと真実が分からなかったりします。

また、子どもがたたかれたときに、なぜ「たたいた」と言うかといえば、「Ａくんがたたいた」の表現の「Ａくんが」を省略しているからでしょう。このような表現のあいまいさは、自分を主語として表現するという原則がよく分かっていないからです。

能動なのか受動なのか、それをはっきりさせるよう、ふだんの会話でも注意するようにしましょう。

「たたいた」の例文で、主語が省略されているとすると、「たたいた」ということは「ＡくんがＢくんをたたいた」ということなのかもしれません。

さらに「いつ」がないと、ちょっと前ばかりでなく、ずっと以前のことを思い出して話している可能性もあります。

## 指導のポイント

### ★能動と受動の違いが分からない

文章や絵だけでなく、実際にアメなどを使って「受け渡しの寸劇」をします。それをしながら、助詞や「もらう－あげる」の違いに気づかせます。

# ⑦ ことば（短期記憶：文の記憶①）

## おぼえましょう①
「何と何でしたか？」
「赤いのは 何でしたか？」
「黄色いのは 何でしたか？」

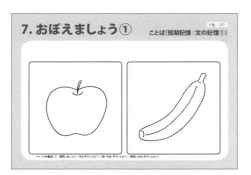

## おぼえましょう②
「何と何と何でしたか？」

## おぼえましょう③
「何と何と何でしたか？」

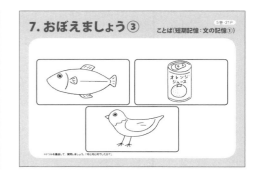

### ことばかけのポイント

●名前だけでなく、属性（色）で聞く問題も入れました。分かる場合には、用途など他の属性でも質問してみましょう。

●思い出せないときにはヒントを出してあげましょう。

●3つの単語を覚える場合には、「いち、に、さん」と数え、指を3本立てて示し、3語あることを伝えます。

●日常の中でも「記憶ゲーム」に取り組み、記憶する力を高めましょう。

### 子どもの《発達の姿》

　年齢とともに、一度に記憶できることばの数は増えていきます。記憶できる数のひとつの目安は、年齢数です。3歳ならば3つ、5歳ならば5つです。第2巻（「手引き」7ページ参照）にも書きましたが、人が短期に記憶できることばの数は「7±2」といわれています。小学校の低学年レベルで記憶できる数といえます。なかには記憶力がとてもよい場合や、独特の記憶術を使い、二桁の数を暗記できる人もいます。

　一度に聞いて記憶できる単語の数は、例えば「知っている動物の名前を言ってください」という質問への答えでも類推することができます。ある子が「イヌ→ライオン→ゾウ→ネコ→イヌ」と答えた場合は、最初に「イヌ」と答えたことを忘れて2回目の「イヌ」を言ったと考えられます。そうであれば、この子が短期に記憶できる単語数は4語と思われます。

### 指導のポイント

★覚えられない

　短期に記憶できることばの数は、年齢やことばの理解力などが影響します。子どもの力に合わせた数を記憶の目標にします。

　ことばの最初の音（頭音）をヒントとして与えるなど、子どもが思い起こしやすいようにしましょう。

# ⑧ 数 （比較：高低）

## どちらでしょうか？①
「どちらが たかいでしょうか？」
「どちらが ひくいでしょうか？」

## どちらでしょうか？②
「どちらが たかいでしょうか？」
「どちらが ひくいでしょうか？」

## どちらでしょうか？③
「どちらが たかいでしょうか？」
「どちらが ひくいでしょうか？」

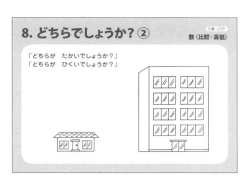

---

### ことばかけのポイント

● 質問の意味が分かりにくい場合には、「こっちが高いね、こっちが低いね」とあらかじめ説明してから質問するようにしましょう。

● ジェスチャーを入れて、「高いね」「低いね」と話すのもよいでしょう。

● 積み木を使って2つのビルを作り、その高低を尋ねてみましょう。

---

### 子どもの《発達の姿》

子どもは、大きくて見上げるように高いものが好きなようです。動物ではゾウやキリン、機械では新幹線やブルドーザー、建物も高層ビルに関心を持ちます。見た瞬間に、大きさや高さに驚き、その感動が強く心に残るからなのかもしれません。

積み木でビルを作る子は、高く、高くしようとします。高さへのあこがれは、本能的なものを感じます。

比較する力は、コミュニケーションを取る際にも重要です。「高いね」「あれよりもちょっと低いかな」「一番高いね」など、「高低」「大小」「遠近」「老若」といった一対の物差しで、その程度を表現し、互いに分かり合います。

### 指導のポイント

★高低の比較ができない

ことばだけではイメージがつかめず、高低が分からない場合は、実際に積み木を使うなどして教えます。大小の比較判断ができていれば、高低は分かっていくでしょう。

ビルや木、山などを見せながら高低判断をさせましょう。

# ⑨ 数 （数唱：5まで）

## かぞえましょう①
「かぞえましょう」

## かぞえましょう②
「かぞえましょう」

## かぞえましょう③
「かぞえましょう」

9. かぞえましょう①　　数（数唱：5まで）
「かぞえましょう」

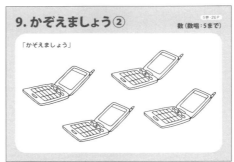

9. かぞえましょう②　　数（数唱：5まで）
「かぞえましょう」

9. かぞえましょう③　　数（数唱：5まで）
「かぞえましょう」

## ことばかけのポイント

● 正しく指さして数えられない場合は、手を持って介助します。
● ゆっくりと、はっきりとした声で発音しましょう。

## 子どもの《発達の姿》

数を理解するには、
○ 2つを比較する（複数に気づく）
○ 数唱ができる（いち、に、さん、し、ご…）
○ 一対一対応で数えられる（指でさしながら、いち、に、さん と正しく数えられる）
○ 集合数が分かる（「みんなで いくつ？」が分かる）
○ 序数が分かる（一番目、二番目、三番目などの順序数）
○ 数字を読む
などの力が必要とされます。

　このほかに、計算の基礎としての、合成（足し算：2個あります。1個足したらいくつになりますか？）と分解（引き算：3個あります。1個取ったらいくつになりますか？）の力があります。

## 指導のポイント

### ★数唱ができない
　ふだんの生活で、数えることを教えます。「2つ ちょうだい」というように、数えなくてはいけない場面を意図的に作りましょう。

### ★一対一対応ができない
　例えば、碁石やチップ、絵に描いたリンゴなどを使って数えさせます。しかし、ひとつひとつの間隔が狭すぎると、間違う子がいます。こういう場合は、子どもの力に合わせながら、間隔を調整するとよいでしょう。

# ⑩ 数（集合数①）

## みんなで いくつでしょうか？① みんなで いくつでしょうか？② みんなで いくつでしょうか？③

「みんなで ふたつ」　　　　　「みんなで みっつ」　　　　　「みんなで みっつ」

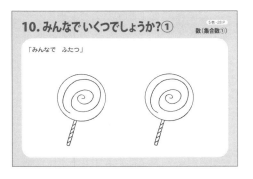

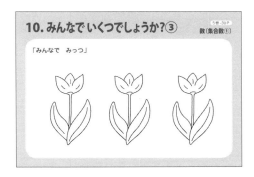

## 🐻 ことばかけのポイント

- ●「みんな」ということばが分かりにくい場合があります。「みんな」ということばを強調して言うようにしましょう。
- ●「ひとつ、ふたつ、みっつ」では分からず、「いち、に、さん」だと分かる子には、まずは「みんなで に」と読んでください。

## 子どもの《発達の姿》

　"ひとつ＝いち＝1、ふたつ＝に＝2、みっつ＝さん＝3…"
言い方や文字という点で違いますが、それぞれは同じ意味です。ただ意味は同じではあっても、習得していく際には難易度があるようです。「ひとつ」よりも「いち」という方が分かりやすい子がいます。数字の「2」は読めても、「みんなで」の質問には答えられない子もいます。

　集合数の理解では、興味や関心も影響します。例えばお金の理解ですが、4歳代になると自動販売機などで硬貨を使い出す子が多くなるそうです。そして、使ううちに100円や50円の違いが分かってきます。実際に教科書でお金の勉強をするのは、小学校に入ってからです。4歳、5歳、6歳、7歳と約4年間にわたり実地勉強してから、知識として学び直すともいえます。逆に言えば、実地の体験がなければ、教科書を見てもピンとこないかもしれません。

　集合数も同じことと思います。関心や興味を高めるには、日々の生活のなかで「数える」「人数分だけ用意する」などの体験が必要となります。

## 指導のポイント

### ★「みんな」ということばが分からない

　「みんな」ということばはあいまいで漠然としています。実際にお皿の上にアメを置くなど、境目をはっきりとさせながら数えさせると、「みんな」が分かりやすくなります。

　なお、絵に描いた皿の上のアメでは、分かりにくい子がいます。皿を数えるべきなのか、アメの数を答えたらよいのか、そのことに混乱してしまう子もいます。

# ⑪ 社会性 （思いやり：あげる―もらう②）

## どっちが いいかな？①
「どっちが　いいかな？
　（おにいさん、おねえさんかな？）」

## どっちが いいかな？②
「どっちが　いいかな？
　（おにいさん、おねえさんかな？）」

## どっちが いいかな？③
「どっちが　いいかな？
　（おにいさん、おねえさんかな？）」

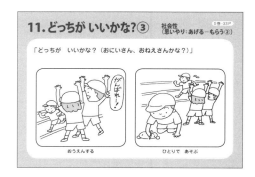

## ことばかけのポイント

●絵だけでは分からない場合には、絵を指さしながら「おもちゃを貸してあげています」「おもちゃを貸しません」というように説明してみてください。

●「お兄さん、お姉さんになりたい」という、成長への意欲を促す意味でも、「どっちがお兄さん（お姉さん）ですか？」という質問もしてみましょう。

●実際の場面でも手をつないで歩く、応援するなど、やらせるようにしましょう。

## 子どもの《発達の姿》

　人に物をあげる、やさしくするなどの行為を、「向社会的行為」といいます。向社会的行為は、社会の中で暮らすには必須ともいえる行為です。向社会的な行為は幼児期に見られだし、基礎の力が固まっていきます。少子化、核家族では、家族間での「あげる―もらう」行為が少なくなり、子どもが一方的に周りの大人から「もらってばかりいる状態」になるおそれがあります。もしもこういう状態が続くと、「もらうのが当たり前、あげるのはいや」という子どもになる可能性があります。子どもに「人に物をあげる、〜してあげる」体験を積ませ、人から感謝される喜びなども含め、社会性の発達を促したいものです。

## 指導のポイント

★（して）あげようとしない

　初めは、強い口調で言わないとあげられないかもしれません。多くの子どもは、あげるのを最初は嫌がります。しかしあげる喜びが分かってくると、誇らしげにあげるようになります。あげられないのは、その喜びを知らないからともいえます。子どもが他の子などに、（して）あげられたときには、すかさずほめてあげましょう。

★応援しない

　友だちをよく見るように話し、応援の仕方の手本を示し、同じようにするよう促しましょう。

★あげても誇らしげにしない・もらってもうれしそうでない

　以上の2点については、第3巻「手引き」12ページをご参照ください。

# 12 社会性（感情のコントロール力：小さな声で言う）

## どっちが いいかな？①

「どっちが いいかな？
（おにいさん、おねえさんかな？）」

## どっちが いいかな？②

「どっちが いいかな？
（おにいさん、おねえさんかな？）」

## どっちが いいかな？③

「どっちが いいかな？
（おにいさん、おねえさんかな？）」

## ことばかけのポイント

● 「おもちゃ屋さんです。子どもが大声で騒いでいます」「おもちゃ屋さんです。子どもが静かな声（ふつうの声）で話しています」というように、絵を指さしながら説明します。

● 「大声で話すから、周りの人は嫌がっています」という説明をつけてもよいでしょう。迷惑の意味が分かる場合には、「周りの人は迷惑です」と説明します。

## 子どもの《発達の姿》

　大きな声は、感情のコントロール力の不足が原因の場合もあります。コントロール力が弱いと、相手に合わせて自分の気持ちをセーブすることができなかったりします。小さな声で話すよう促すことは、感情のコントロール力をつけることにつながります。

　声を出すのは、さまざまな筋肉を協応させて動かすという点で、運動の一種です。子どものなかには、いつも大きな声で話す子がいます。声が大きくないと聞こえないなど聴力に問題がなければ、声量調節がうまくできないのは、「調整力の不足」もひとつの理由として考えられます。声の大きい子では、動きも粗雑な子が多く、日々のなかでもっと小さい声で話すよう注意していく必要があります。

## 指導のポイント

### ★調整力が弱い

　「調整力」は、さまざまな工夫でつけることができます。例えば「ゆっくり競争」です。10メートルほどの距離をゴールに向かい、静止しないでゆっくりと前進するのが条件です。そして一番遅く、最後に到着した子が勝ちという競争です。遅い方が勝ちというのは、子どもには難しく、自己コントロール力や調整力のよい練習となります。

### ★小さな声でしか話せない

　大きな声とは逆に、小さな声でしか話せない子がいます。こういう子では、大きな動きを教えるなどをとおして、力を込めて声を出すコツを教えていきます。なお、動きや声量の大きさは、人や文化によって感じ方が違います。自分だけではなく、他の人の感じ方なども聞いて、その適否を確認した方がよいでしょう。

# 心理学とセラピーから生まれた 発達促進ドリル 10巻内容一覧

※内容は、一部変更される場合があります。ご了承ください。

| 分類 | 項目 | 1巻 | 2巻 | 3巻 | 4巻 | 5巻 | 6巻 | 7巻 | 8巻 | 9巻 | 10巻 |
|---|---|---|---|---|---|---|---|---|---|---|---|
| **A.ことば** | 擬音語 | 擬音語①指さし | 擬音語② | | | | | | | | |
| | 物の名前 | 物の名前① | 物の名前② | 物の名前③ | 物の名前④ | 物の名前⑤(2切片) | 物の名前⑥(3・4切片) | 物の名前⑦(5切片) | | 物の名前⑧(複数) | |
| | 用途 | 用途① | | 用途② | | | | | | | |
| | 抽象語 | | | | 抽象語① | | 抽象語② | | | | |
| | 物の属性 | | | | | 物の属性① | | 物の属性② | | 物の属性 | |
| | からだの部位 | からだの部位①② | | | | からだの部位③ | | | からだの部位 | 物の部位④ | |
| | 異同弁別(おなじ・ちがう) | | おなじ | | | ちがう①② | | | | | |
| | 間違い探し・探し物 | | | | | | 間違い探し① | 間違い探し② | 探し物 | 探し物 | 欠所探し |
| | 疑問詞 | | 何 | だれ | どこ | いつ | どうやって | なぜ、どうして① | なぜ、どうして② | なぜ、どうして③ | なぜ、どうして④ |
| | 文作り | 二語文理解① | 二語文理解② | 助詞①② | 助詞 | 助詞③ | | | | | |
| | (表現など) | | | 確認・報告 | | (表現①) | (様子の表現②) | (理由の表現③) | (理由の表現④) | (理由の表現⑤) | (理由の表現⑥) |
| | 叙述・説明 | | | | | | 叙述・説明① | 叙述・説明② | 叙述・説明①② | 叙述・説明③ | 叙述・説明③ |
| | 振り返り | | | | | | 振り返り(何をした?①) | 振り返り(何をした?①) | 振り返り(何をした?②) | 振り返り(何をした?②) | |
| | (お仕事など) | | | | | | (何のお仕事?①) | (何のお仕事?②) | (何をした?②) | (明日は何をする?) | |
| | 得意・苦手 | | | | | | | 得意なこと | 苦手なこと | 上手になりたいこと | |
| | 自他の分離 | | | 自他の分離① | | | 自他の分離② | | | | |
| | ※短期記憶 | | 2つ | | | 文の記憶① | 文の記憶② | 文の記憶② | | | 文の記憶③ |
| **B.文字** | 模写(線を引く) | 線を引く① | | 線を引く② | | | | | | | |
| | 形の見分け | | 形の見分け | | 形の見分け①② | | | | | | |
| | 空間把握 | | | 上下①② | そば | | 前後 | | | | |
| | 文字 | | | | | | | 文字を読む① | 文字を読む② | 文字を読む①② | 字を書く |
| **C.数** | 数字 | | 数字 | | | | 数字(レジスターなど) | 数字① | 数字② | | |
| | 比較(大小) | 大小比較① | 大小② | 大小③ | | 高低 | 長短 | 多少① | 多少② | | |
| | 数唱 | | | | | 数唱(5まで) | | | 数唱(10まで) | | |
| | 集合数 | | | | | 集合数① | | 集合数② | 集合数② | | 集合数 |
| | 順位数(序数) | | | | | | | | 順位数① | 順位数② | 順位数 |
| | 合成と分解 | | | | | 合成と分解① | | | 合成と分解②③ | | |
| **D.社会性** | 模倣・ルール | いっしょに① | いっしょに② | あげる—もらう① | 順番・ルール①② | あげる—もらう② | | | 順番と待つ態度 | | |
| | 思いやり(はんぶんこ) | はんぶんこ① | はんぶんこ② | | | | | | | | |
| | 生活 | ~して、~やって | 口を拭く／手を洗う・顔を洗う | 歯磨き | 排泄 | | 洗顔 | | | | |
| | 役割を果たす | そっと | 大事・大切 | 手はおひざ | ~の仕事① | ~の仕事② | ~の仕事③ | ~の仕事③ | | | 一般知識／道徳①② |
| | 感情のコントロール力 | | | | | 小さな声で言う | 「かして」と言う | わざとじゃない | ~かもしれない | ~かもしれない | 怒った声を出さない |
| | **問題数** | 12 | 12 | 12 | 12 | 12 | 12 | 12 | 12 | 12 | 12 |

※参考文献等は、10巻目で紹介します。

# 1. なにでしょうか？①

ことば（物の名前⑤2切片）

「なにでしょうか？」

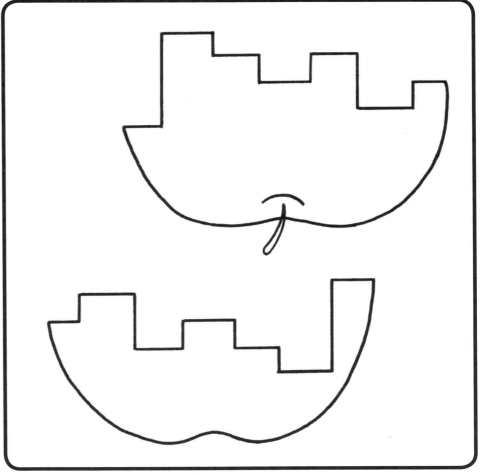

# 1. なにでしょうか？②

ことば（物の名前⑤2切片）

「なにでしょうか？」

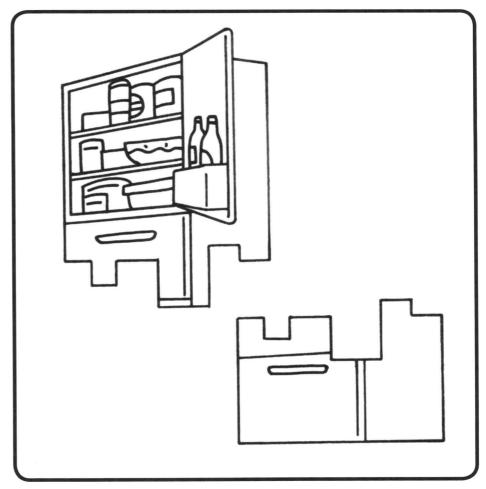

# 1. なにでしょうか？③

ことば（物の名前⑤2切片）

「なにでしょうか？」

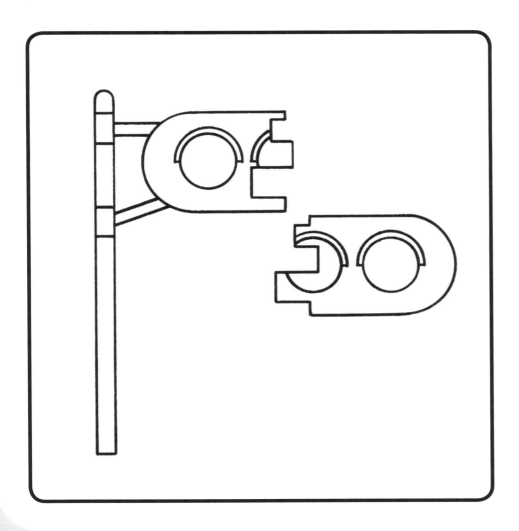

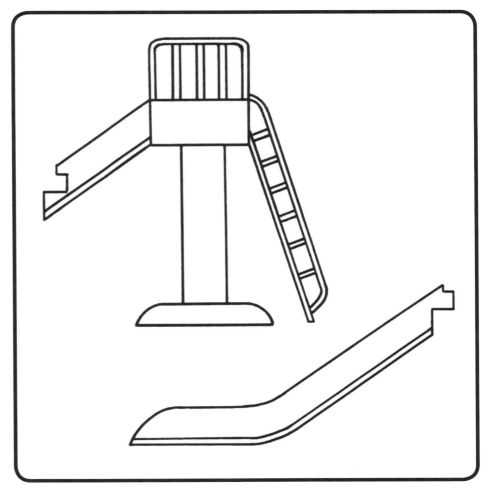

# 2. どれでしょうか？① ことば（用途・抽象語：物の属性①）

「じかんを　おしえてくれるのは　どれでしょうか？」
「はくのは　どれでしょうか？」
「きいろいのは　どれでしょうか？」

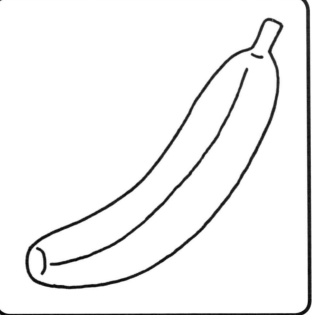

# 2. どれでしょうか？ ② ことば（用途・抽象語：物の属性①）

「みずのなかに　いるのは　どれでしょうか？」

「あそぶのは　どれでしょうか？」

「あかいのは　どれでしょうか？」

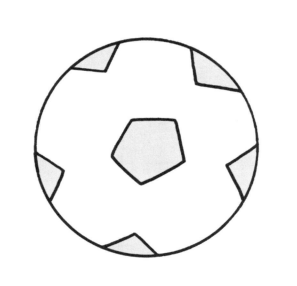

# 2. どれでしょうか？ ③ ことば（用途・抽象語：物の属性①）

「きに　なるのは　どれでしょうか？」
「にわとりが　うむのは　どれでしょうか？」
「つちから　はえてくるのは　どれでしょうか？」

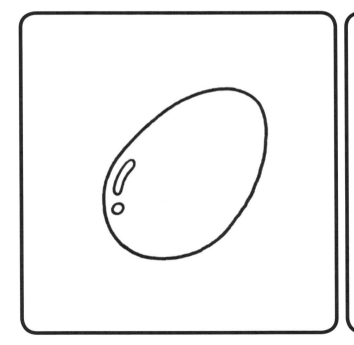

# 3. どれでしょうか？ ① ことば（異同弁別ほか：ちがう①）

「ちがうのは　どれでしょうか？」

# 3. どれでしょうか？②  ことば（異同弁別ほか：ちがう①）

「（これと）ちがうのは　どれでしょうか？」
「おなじものは　どれでしょうか？」

※絵を指さしながら、質問しましょう。

「（これと）ちがうのは　どれでしょうか？」
「おなじものは　どれでしょうか？」

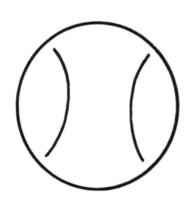
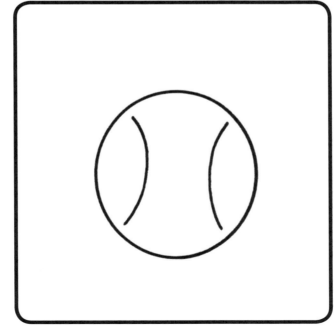

※絵を指さしながら、質問しましょう。

# 4. どれでしょうか？① ことば（異同弁別ほか：ちがう②）

「くるまと　ちがう　えは　どれでしょうか？」

# 4. どれでしょうか？ ② ことば（異同弁別ほか：ちがう②）

「ちがう　かおは　どれでしょうか？」

# 4. どれでしょうか？ ③ ことば（異同弁別ほか：ちがう②）

「ひとつだけちがいます。どれでしょうか？」

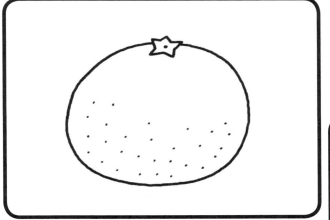

ことば（疑問詞：いつ〜表現①）

あさごはんを　たべました。
「なにを　たべましたか？」
「だれと　たべましたか？」
「いつ　たべましたか？」

おひるに　こうえんで　あそびました。
「なにを　しましたか？」
「だれと　あそびましたか？」
「いつ　あそびましたか？」

# 5. こたえましょう③

ことば（疑問詞：いつ 〜表現①）

> よるに　トランプで　あそびました。

「なにを　しましたか？」

「だれと　あそびましたか？」

「いつ　あそびましたか？」

おかあさんが　ごはんを　つくっています。

「だれが　ごはんを　つくっていますか？」

「おかあさんは　なにを
　　　　　していますか？」

# 6. こたえましょう②

「だれに　あめを　あげましたか？」
「おねえさんに　なにを　あげましたか？」

# 6. こたえましょう③

ことば（文作り：助詞③）

「だれから　しゃしんを　もらいましたか？」
「せんせいから　なにを　もらいましたか？」

# 7. おぼえ ましょう①

## ことば（短期記憶：文の記憶①）

※ドリルを裏返して、質問しましょう。「何と何でしたか？」「赤いのは 何でしたか？」「黄色いのは 何でしたか？」

※ドリルを裏返して、質問しましょう。「何と何と何でしたか？」

# 7. おぼえましょう③

## ことば（短期記憶：文の記憶①）

※ドリルを裏返して、質問しましょう。「何と何と何でしたか？」

**数（比較：高低）**

「どちらが　たかいでしょうか？」
「どちらが　ひくいでしょうか？」

# 8. どちらでしょうか？ ②

数（比較：高低）

「どちらが　たかいでしょうか？」
「どちらが　ひくいでしょうか？」

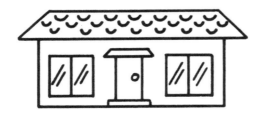

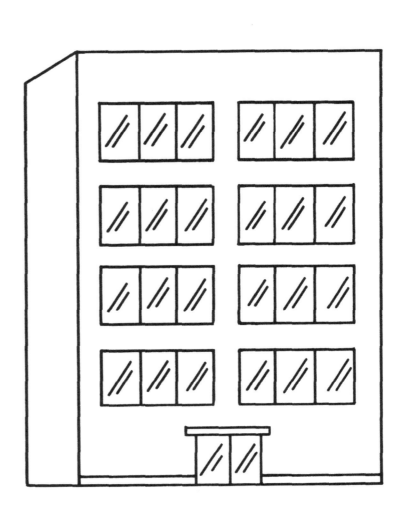

# 8. どちらでしょうか？③

数（比較：高低）

「どちらが　たかいでしょうか？」
「どちらが　ひくいでしょうか？」

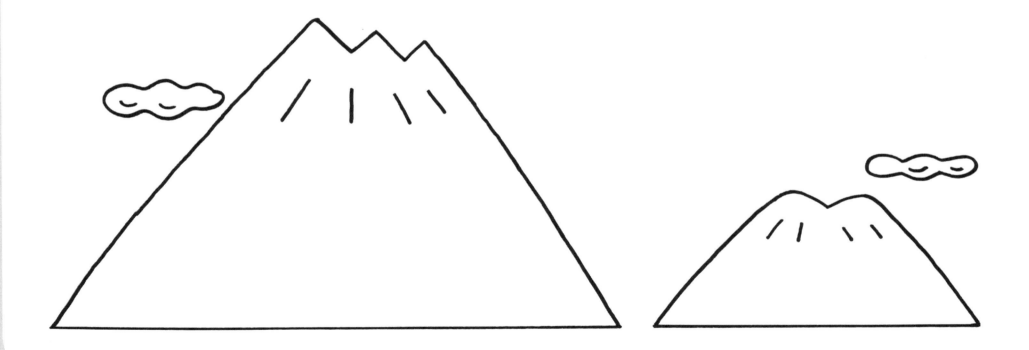

# 9. かぞえましょう①

数 (数唱：5まで)

「かぞえましょう」

# 9. かぞえましょう②

数（数唱：5まで）

「かぞえましょう」

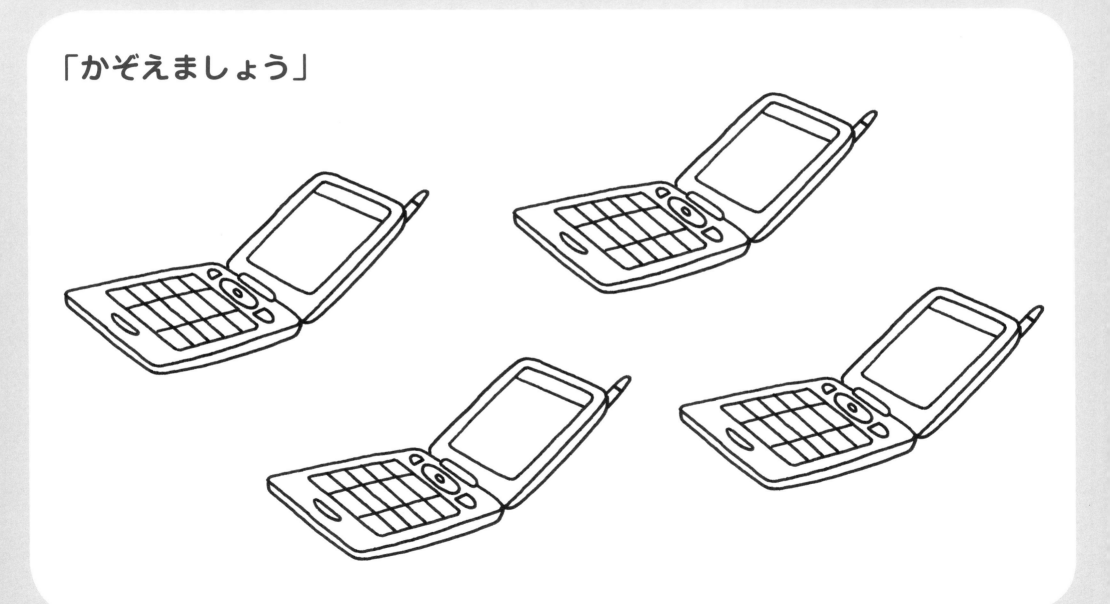

# 9. かぞえましょう③

数（数唱：5まで）

「かぞえましょう」

# 10. みんなで いくつでしょうか？①

「みんなで　ふたつ」

# 10. みんなで いくつでしょうか？②

「みんなで　みっつ」

「みんなで　みっつ」

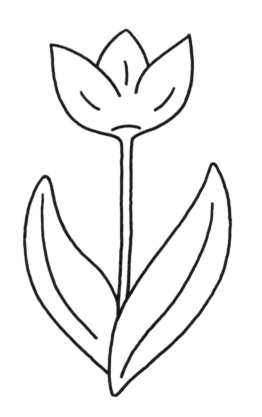 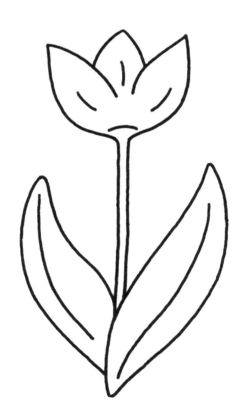 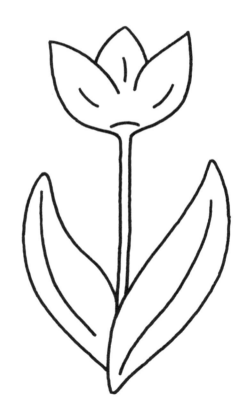

「どっちが　いいかな？（おにいさん、おねえさんかな？）」

かさない

かしてあげる

「どっちが　いいかな？（おにいさん、おねえさんかな？）」

てを　つないで　いっしょに　あるく

いっしょに　あるかない

「どっちが　いいかな？（おにいさん、おねえさんかな？）」

おうえんする

ひとりで　あそぶ

# 12. どっちが いいかな？①

「どっちが　いいかな？（おにいさん、おねえさんかな？）」

おおごえで　いう

しずかなこえで　いう

# 12. どっちが いいかな？②

社会性
（感情のコントロール力：小さな声で言う）

「どっちが　いいかな？（おにいさん、おねえさんかな？）」

しずかに　はなす

おおごえで　はなす

# 12. どっちが いいかな？③

社会性
（感情のコントロール力：小さな声で言う）

「どっちが　いいかな？（おにいさん、おねえさんかな？）」

しずかに　すわる

ふざける